nobody in the sea

doors
press

preface

　아무도 없는 바다. 연극 무대처럼 준비된 세계. 먼 훗날의 그림자처럼 드리우는 너. 차마 커튼을 내리지 못하는 나. 마지막 빛이 떠나간 바다 위로 비가 내린다. 모든 것이 사라졌지만 사라진 것은 아무것도 없었다. 파도는 미스터리를 실어 나른다. 아무렇게나 휘두른 물감들이 우리를 흠뻑 물들였다. 수만 번의 여름, 수만 번의 겨울. 나는 너를 기다리고 싶었다. 너는 나를 기다릴 수 있을까.

　아무도 없는 바다에서 누군가를 기다리는 누군가는 부디 나의 무덤을 읽어주기를.

2017년 7월
최유수

contents

part 1

섬 · 11

New Things Get Old · 12

타지에서 · 13

환각 · 15

적응 · 16

이소라 · 18

쌍둥이 · 19

어디에나, 어디에도 · 20

두 개의 풍경 · 21

루머 · 22

너의 리듬 · 23

동경 · 24

단어와 나 · 25

버려진 식물 · 26

새벽 2시 · 27

아무도 없는 · 28

투박하지만 솔직한 · 29

Voyager · 30

추락 · 31

태도들 · 32

새벽의 파도 · 33

파리에서 · 34

에필로그 · 35

울음 · 36

Resistance · 37

외투 · 38

일요일들 · 39

두 얼굴 · 41

좋아하다 · 42

연결 · 44

part 2

Simple Truth · 49

산 · 50

추억의 법칙 · 51

Dissonance · 54

아픔에 관하여 · 55

외로움과 고독 · 57

별의 운행 · 58

그럼에도 불구하고 · 59

좋은 거울 · 60

안개 · 61

공동 空洞 · 62

다대포 해변 · 63

우리 · 65

신대륙 · 66

탈출 · 67

불씨 · 68

Nightwalker · 69

망명 · 70

사진 언어 · 71

횡단 · 73

1Q84 여행 · 74

일상적 고독 · 76

나는 안다 · 77

신념 · 79

잠영 · 81

막 · 82

체온 · 83

순응 · 84

떠돌이새 · 85

part 1

섬

쓸쓸함, 외로움, 그리고 고독함 따위의, 인간으로 살아오면서 우리가 온몸으로 익히 겪어 온 어떤 감정이 있고, 그 불명확한 형태의 감정을 가리키기 위해 섬세하게 정의된 몇 가지 단어가 존재한다.

어느 것 하나 그 감정의 실체를 적확하게 납득시켜 줄 수 없다는 사실이 예전에는 슬픔으로 다가왔고, 이제는 체념으로 다가온다. 그런 나이가 된 것 같다. 그것은 어쩌면 감정이 아니라 수시로 앓아야만 하는 잔병치레일지도 모른다.

밤은 여전히 죄책감도 없이 무수한 약속들을 낳고 있고, 각기 다른 사연으로 폐기된 약속들이 섬의 모퉁이를 굴러다닌다.

해변이 없는 작은 섬, 그 위에 내가 서 있다.

New Things Get Old

나는 함정이다, 라고 중얼거리며 강박적으로 뒤척여 왔다. 그녀는 **평생을 뒤척였다**, 라고 시적으로 적었으나 나는 **뒤척이고 뒤척이고 뒤척이고 또 뒤척인다**, 라고 지저분하게 적는다. 불규칙한 도돌이표. 같은 상황, 같은 기분, 같은 결말의 반복은 우리를 삭막하게 한다.

지난 꿈은 일곱 개의 숫자를 남겼다. 작은 공원과 푸른 호수가 지척인, 낮보다 밤이 긴, 이미 적당히 낡아버린 집에 살고 싶다. **뉴 띵즈 겟 올드**. 새것은 낡는다. 사실이란 대체로 슬프고, 슬픔을 감추느라 표정이 없다. 정신을 차리고 보면 낡아가는 과정은 온데간데 없고, 우리에게 남겨지는 것은 결국 아무런 준비 없이 낡음을 마주하는 일.

타지에서

 방콕의 첫인상은 어둡고 습하다는 것뿐이었다. 바다를 건너 다른 나라를 왔지만 땅을 밟고 선 느낌은 매번 별반 다르지 않다. 나 하나를 속이기 위해 주변의 모든 것이 낯선 척을 하고 있는 것 같다. 시야를 스치는 뜻 모를 문자들이 제법 천연덕스럽다.

 유약한 귀를 가진 탓에 비행기에서 내린 후에도 꽤 오랫동안 귀가 먹먹했다. 다른 나라의 땅을 밟는 일이 더욱 잦아졌으면 좋겠다. 서울의 땅을 밟는 것과 실은 그다지 다를 것도 없겠지만, 때와 경우에 따라 전혀 다른 의미로 다가오며 새로운 감정을 선물해 주기 때문에 밟아본 적 없는 땅을 밟는 일은 대체로 값지다.

 내일은 굉장히 더울 것이다. 더위 속에서 나는 어리둥절해 할 것이다. 이 도시에서의 4일은 나에게 또 무엇을 남길까. 호텔 방은 기대 이상으로 쾌적하다. 에어컨을 제외하곤 모조리 정적에 휩싸여 있다. 어둠이 낯설다. 바로 어제였던 인천공항에서의 시간들이 며칠 전의 일인 것처럼 멀게만 느껴진다. 인천공항에서는 여전히 인천공항의 시간이 흘러가고 있을 것이다.

세상은 이렇듯 나의 의지와는 하등 관계없이 흘러간다. 나는 이 세계에 속해 있으면서 한편으로는 완전히 무력하게 배제되어 있는 것이다. 푹 자고 일어나면, 세계는 계속해서 나를 낯선 시간 속으로 유인할 것이다.

환각

    내 머릿속은 마치 거대한 환승센터 같다. 홍콩 골목의 네온사인들처럼 얽히고설키던 생각들이 아주 잠깐 머물고는 나를 지나쳐 간다. 애초에 내것이 아니었던 것처럼 은밀하게, 그러나 혼잡하게, 시간 속으로 흡수 당한다. 머릿속에서의 가뭄과 홍수가 무의미하게 반복된다. 나는 순간적으로 숨을 들이켜고 눈을 부릅뜬다. 단조로운 일상이야말로 우리를 가장 병들게 하는 환각일지도 모른다.

    스스로를 다그치느라 우리는 몽상의 시간을 빼앗기고, 일상이라는 환각에 서서히 잠식 당한다. 아무것도 응시하지 못한 채 의심하는 법을 잊어 간다. 오직 사랑만이, 일시적으로 환각을 내리쳐 일깨워 준다.

적응

　새로운 직장에서의 한달이 뒤를 돌아볼 겨를도 없이 순식간에 흘러갔다. 과거와 현재 사이, 시간의 경과를 깨닫는 것은 언제나 지금 이 순간이다. 그래서 시간이라는 감각은 이토록 단편적이고 반성적이다.

　나는 이곳에서 매 순간 나의 무능력을 절감하는 동시에, 나라는 존재의 특별함을 사수하기 위해 필사적으로 투쟁한다. 누구나 자기 자신의 관점으로만 본인을 드러내고 방어하려 한다는 것을 겪어왔기 때문에, 유연하고 완곡한 침묵을 적절히 사용할 줄도 알게 되었다. 말과 말의 교환에 익숙해져버린 우리는 눈빛 혹은 침묵으로 순간을 함께하는 법에 낯설어 한다.

　하루 중 많은 시간을 직장에서 보내야 하기 때문에 그 시간이 괴롭지 않다는 것만으로도 꽤나 다행이라고 생각한다. 적당한 욕심과 적당한 게으름의 합이 요즘의 나를 채우고 있다. 이곳에서 내가 확보해야 할 역할을

나름대로 파악해 가는 중이고, 그것을 구체화하는 동안 내가 원하는 방향으로 성장할 수 있을 거라는 확신이 있다. 이곳에서의 시간들이 오랫동안 굳건한 나의 편으로 남을 수 있기를.

이소라

어제는 모두가 슬픈 날이었고, 종일 비가 내렸다. 오늘은 바람이 세차게 분다. 이소라의 가사가 토막처럼 떠오른다. **텅 빈 풍경. 찬 빗방울. 여름 끝에 선 너의 뒷모습. 그대는 내가 아니다.**[1]

영상 속에서 노래를 부르고 있는, 기록된 시간 속의 그녀는 그 자체로 완전한 시詩같다. **내 모든 걸 다 걸겠어. 더 외로워. 웃고 사랑을 말하고. 욕심이 너무 깊어. 사랑의 진짜 얼굴…….**[2]

그녀의 노래는 그럴 듯한 표현들로 우리 안의 감정을 유도하려는 것이 아니라, 씹고 또 씹어서 마침내 소화된 감정을, 정성 들여 응축시킨 유일무이한 어떤 감정을 묵묵히 토해내는 것처럼 느껴진다. 감정의 테와 태가 무섭도록 섬세하다. 그런 노래는 오래 들어도 질리지 않고, 쉽게 변질되지 않는다. 응당 사람이 그래야 하는 것처럼.

1) 이소라, 「바람이 분다」
2) 이소라, 「나를 사랑하지 않는 그대에게」

쌍둥이

지하철 유리창에 비친 내 모습을 보며 문득, 왜 아무것도 변한 것이 없는 건지, 왜 그토록 비겁했었는지에 대해 생각한다. 조휴일의 어떤 가사를 들으면 나는 한없이 연약해진다. 아무리 후회하고 되새겨 봐도 지나간 감정과의 거리는 도무지 좁혀지지 않는다. 그때의 나는 나이면서 내가 아니다. 그때의 나와 지금의 나는 평행하며 공존한다. 그녀의 말처럼 우리는, 누구나 쌍둥이로 살아가고 있는 것인지도 모른다.

어디에나, 어디에도

행복의 근원을 묻고 답하는 일은, 우리가 오늘과 내일을 살아내는 반복에 무뎌질 때쯤 불쑥 나타나 먼지 낀 창문을 깨부수고 마음을 털어간다.

행복은 다의어여야 한다. 개인의 삶에만 해당되는 고유한 **소명召命**이어야 한다. 우리는 행복을 체감하기 위해, 그리하여 행복과 동행하기 위해 전 생애에 걸쳐 끈질긴 심문을 이어 간다. 행복의 증명에는 증인도, 증거도 존재하지 않는다. 오직 나의 독백과 진술만이 마침내 행복을 증명한다. 김화영 교수의 책 제목처럼, **행복의 충격**만이 행복을 현현한다. 행복은 우리 모르게 대기를 움직이고 계절을 순환시키며 이미 누군가의 생애를 흐르고 있다. 어디에나 있을 수 있고, 어디에도 없을 수 있다.

두 개의 풍경

  서로 다른 풍경을 하나로 겹칠 때 발생하는 모든 뒤틀림에 저항하고 견디는 방법을, 기어이 포개어져 부둥켜 안는 방법을, 우리는 배워야만 한다.

루머

 사라지는 것들의 유언을 받아적는 일. 침묵 속에서 감정의 진위를 솎아내는 일. 아무도 관람하지 않는 나 한 사람의 역사를 마지막까지 기억하는 일.

 죽기 전에 삶의 망토를 벗어던지는 자전적인 범죄들에 관하여. 나는 나라는 단순한 명제를 의심하게 만드는 과오들에 관하여. 오직 믿음을 행함으로써 존재를 증거할 수 있는 쓸쓸한 믿음들에 관하여.

 우리가 파편이라면, 언제쯤 결여된 우리의 원래 자리로 다시 돌아갈 수 있을까. 그녀가 우리에게 퍼뜨린 루머처럼 우리가 실은 영원한 루머에 불과했던 거라면, 그래서 차라리 우리가 전부 무적자의 신분이었다면, 서로가 서로의 추적자가 되어줄 수 있다면.

너의 리듬

누구에게나 흉내낼 수 없는 리듬이 있다. 읽어낼 수 없는 눈빛이 있고 영원히 풀리지 않는 미소가 있다. 사랑은 더 이상 단 하나의 은유만으로 설명되지 않는다. 회피할 수 없는 감정이 있는 반면, 의도를 더해야만 비로소 결정되는 감정도 있다. 모든 엔딩은 덜 슬픈 쪽의 선택으로 결정된다.

동경

 인간은 다양하고, 그래서 두렵다. 우리는 서로를 모르고 제대로 알려고도 하지 않는다. 어제와 오늘의 사이에는 정확한 대상 없이 언짢아하는 사람들이 득실거린다. 때로는 성별과는 무관한 인간의 문장을 쓰고 싶었다.

 사람의 눈을 관찰하는 시간보다 동공 없는 스크린을 응시하는 시간이 많아졌다. 눈을 감고도 태연히 다닐 수 있었으면, 텍스트만으로도 완전한 대화를 나눌 수 있었으면. 차라리 모든 구어가 시어가 될 수 있다면. 맹목적인 동경. 편협은 늪처럼 질척거리고 스스로를 더 깊은 편협 속으로 격리시키려 한다. 저마다의 세계 안에서 패를 가르고 서로를 가두느라 모두가 정신이 없다. 쉴 틈 없는 긴장 속에 목이 마르다. 나는 목소리를 낮춘다.

단어와 나

 단어들의 뒤켠에 나를 은닉할 것인지, 단어들에게 기대어 곁눈질만 할 것인지, 단어들이 불필요하도록 만들 것인지.

버려진 식물

삶은 늘 타지에서 만난 낯선 여행자처럼 말을 걸어 온다. **버려진 식물처럼 나는**[1], 이라는 시구에 잠시 동요했고, **아무렇게나 자랄 것이다**[1], 라는 담대한 맺음에 작은 탄성을 머금었다.

우리가 받아들이는 삶의 메세지는 모두 어지러이 혼재되어 있다. 늘 그렇듯 모든 순간은 낡은 영사기처럼 슬픔과 슬프지 않음, 외로움과 외롭지 않음을 지체 없이 배달한다. 기억나지 않는 꿈은 두 번 다시 찾아오지 않는다. 고민 끝에 버려진 식물의 마음으로 우리는 아침을 기다리고, 쓸쓸한 기쁨은 우리를 자라게 하는 양분이 되고. 시간은 자꾸만 숱한 감정들을 낙엽처럼 쓸어 가고, 버려진 화분마다 누군가는 간헐적으로 물을 주고.

---

[1] 하재연, 『세계의 모든 해변처럼』, 문학과지성사, 2012

새벽 2시

밤은 길고 긴 터널의 불빛처럼 지나가고, 새벽은 그 터널의 출구처럼 다가온다. 잠에 취한 강아지의 몽롱한 눈빛은 인간의 언어보다 경이롭다.

일상이 설명적일수록 내 문장은 황량해진다. 활자와 멀어질수록 감정은 단조로워진다. 시집을 읽어야 겠다고 생각했다. 시는 단어를 주지 않고 단어와 단어 사이의 공백을 준다. 시집을 한 권 품고 사진전에 다녀오고 싶다. 사진의 언어는 우리 마음을 온갖 형태로 변주해 준다. 전시의 메세지와 사진의 메세지는 대개 다르고, 다를 때 더 짙은 여운을 남긴다.

새벽 2시, 택시를 타고 퇴근하는 길에 의식의 흐름대로 이 글을 쓴다. 내일 아침에 눈을 뜨면 〈Califonia Dreamin'〉을 틀어 놓고 오랜만에 방청소를 해야지.

아무도 없는

 아무도 없는 새벽. 눈을 감으면 선명하게 회전하는 토템들과 희미한 꿈 몇 개가 덜그럭거리는 소리. 이어폰을 무심히 툭 빼면 천둥처럼 내리치는 정적. 아- 이곳은 태초부터 정적이었지. 내 온몸을 순례하는 피. 시간의 양 끝은 쾌락과 허무. 삶의 근육이 뒤틀리는 순간마다 회전을 멈추는 나의 토템. 파도에 젖어버린 지도와 힘을 잃은 나침반은 다시 배낭 속으로.
 부를 수 있는 이름이 없다면 **비문碑文**을 되뇌일 것.

투박하지만 솔직한

 말을 주고받는 대화로는 나눌 수 없는 감정이 있고, 바로 그렇기 때문에 우리는 글을 쓰고, 읽고, 주고받아야 한다. 글은 감정을 끄집어내고 다듬어서 문장이라는 육신을 만들고 보다 분명하게 전달할 수 있게 한다.
 우리가 주고받아야 할 지극히 인간적이고 일상적인 감정들을 위해 반드시 대단한 단어와 문장이 필요한 것은 아니다. 투박하지만 솔직한 몇 마디 문장에 담긴 감정은 마음과 마음 사이의 보이지 않는 거리를 잠시나마 좁혀 피부로 와닿게 만들어 준다. 그래서 오로지 한 사람에게로 향하는 문장은, 그 무엇보다 절실하고, 투박할수록 강력하다.

Voyager

　단어는, 문장은, 사진은, 나를 대변하지 못한다. 나를 변호하기 위한 수단으로 기능할 수 있는 것은 오직 타인에게만 존재한다. 내가 나를 표현하기 위해 사용하는 모든 것은 혼자 하는 놀이일 뿐, 그 무엇도 결코 나를 대신하거나 변호해 줄 수는 없다. 다만 그 놀이는 전 생애에 걸쳐 행해지는 **탐험-발견**이다. 마지막에 이르러서야 길고 긴 항해의 결과물들이 마침내 나를 대변해 줄 것이다.

추락

 살갗을 덮는 더운 바람. 말 없는 너. 아무런 동의 없이, 아무런 변명 없이 나는 침몰한다. 벌어진 틈새마다, 반복되는 몇 종류의 슬픔이 정차해 있다. 서서히 부서져가는 내 오랜 목교. 도망자의 고물 트럭처럼 쓸쓸히 붉어지는 해변. 추악함에 체온을 더해줘. 이대로 굳어버리고 싶어. 한순간에 사라지고 싶어. 날 꺼내 줘. 빈 껍데기 속에 다시 날 가둬 줘. 내일을 지워 줘. 출구가 무너졌으면 해. 세계의 모든 절벽처럼.

태도들

 삶이라는 글자를 풀어쓰면 사람이다. 단순히 한 사람의 생을 의미하기보다는, 생애 동안 끊임없이 수많은 사람을 경험해야 하기 때문이 아닐까. 나 또한 다양한 사람을 만나왔고, 이제 서른이라는 과도기적인 나이가 되었다.

 더 이상 나는 사람을 '만나는' 대상으로 생각하지 않는다. 나는 사람을 '겪어낼' 것이다. 나 자신을 울타리 속에 기꺼이 던져도 볼 것이고, 관찰 카메라를 설치해 보기도 할 것이다. 이것은 거창한 변화의 선언이 아니다. 단지 살아가는 데 필요한 작은 태도에 관한 문제일 뿐이다. 누군가를 경험하는 것이 고통이거나 시련이어서가 아니라, 그에 맞는 태도가 필요하다고 생각하기 때문이다. 개인의 삶은 작고 다양한 태도들로 이루어져 있고, 태도에 따라 삶의 많은 것이 달라지며, 전혀 새로운 국면을 마주하게 될 수도 있다.

새벽의 파도

 자다 깬 새벽의 푸르스름한 정적은 때로는 심장이 쿵쾅거릴 정도로 초조하고, 때로는 이대로 동이 트지 않았으면 싶을 만큼 평화롭다. 오늘은 후자였다.

 가능한 한 아껴 가며 천천히, 크고 시원하게, 근육 마디마디를 잡아당기며 정성 들여 기지개를 켠다. 기지개를 켜는 순간 파도처럼 밀려드는 순수한 쾌감을 즐긴다. 푹 젖은 빨래처럼 쭈그러들어 뻑적지근한 내 삶에도 기지개를 켤 수 있으면 좋겠다고 생각했다. 단상에 잠긴 사이 눈을 뒤덮고 있던 잠가루가 모두 날아가 버렸다.

 시간이 멈춘 듯한 긴 새벽이다. 2주 후에는 여행이 예정되어 있다. 서울의 새벽을 떠나 파리의 새벽으로 착륙할 것이다. 그때쯤이면 뒤죽박죽이 되어버린 나의 시간들도, 한껏 기지개를 켜며 제자리를 찾아갈 수 있을 것이다. 새벽의 파도가 차다.

파리에서

낯선 정취 속을 헤매이는 9월, 나의 오랜 기지개. 마음의 근육들은 부지런히 움직이며 건조하게 뭉쳐진 시간들을 이완했다.

낯선 얼굴들이 실은 모두 하나의 얼굴 같았다. 나는 그저 하나의 발자국으로서만 그곳에 존재하고 있었던 것일지도 모른다. 광대한 홀과 높은 벽에 전시된 몇 장의 화폭과 그 안을 맴도는 이미 오래 전에 낡아버린 냄새들. 비행기에서 읽은 밀란 쿤데라의 『불멸』이라는 책의 제목이 지닌 육중한 발음이 온 여행을 뒤흔들었다.

에필로그

흐린 날의 안개 같은 몽롱한 주말을 보내고 나면, 내가 나의 주인이 아닌, 완전한 타인도 아닌, 이웃 중 누군가 제 3자의 시선이 되어버린 것처럼 내 삶을 바라보게 된다.

삶은 단 한 번뿐이지만 그 한 번 안에서 모든 것이 은연 중에 반복된다는 것을 깨달았고, 아직은 그것을 인정하고 싶지 않았다. 우리는 살아가는 내내 자주 아플 것이다. 오래도록 익숙해지지 않는 누군가와의 에필로그가 아직도 변명을 이어가고 있다. 닫고 싶지 않은 결말. 정돈되지 않은 마음. 영원히 정돈되지 않을 질긴 마음.

멈춰 있는 시간들과 흩어지는 시간들, 어느 쪽이 우리를 더 슬프게 할까.

울음

버스에서 내렸는데, 어떤 여자가 건너편 길목에 앉아 목놓아 울고 있다. **내가 뭘 잘못했다고-** 라는 외침이 울음의 간격마다 들린다. 이름도, 얼굴도 모르는 여자의 울음이 차가운 공중을 솟구치며 날아와 살갗을 스친다. 소름이 돋는다. 문득 울음의 사정이 궁금했으나, 어차피 그의 격한 울음은 나의 울음이 될 수 없으므로 내가 공감할 수 없는 울음이었다.

나는 누군가를 향해, 또는 오로지 나를 향해 그녀처럼 절규해 본 적이 단 한 번이라도 있을까. 그의 울음은 밤의 정적을 뚫고 내가 아파트 문으로 들어서는 순간까지 멈추지 않고 날아온다. 날것의 감정을 쏟아내는 방법을 제대로 배우지 못한 내게, 극단에 다다른 누군가의 감정을 마주하는 일은 종을 울리는 듯한 경외감을 준다.

Resistance

 문득, 시퀀스가 전환되듯 계절이 바뀌어서 지금 당장 겨울이 되었으면 좋겠다고 생각했다. 그럴 수만 있다면 입김 한 번으로 정든 내 그리움을 날려버릴 수 있을 텐데. 여름에는 벅찰 만큼 바라는 것이 많아지고 겨울에는 차분하게 움츠리며 바라는 것이 적어지니까.
 계절이 바뀔 때 나의 불완전한 리듬은 당신에 의해 처음부터 다시 연주되어야만 한다. 검게 그을린 눈빛들이 나를 노려본다. 보이지 않는 레지스탕스. 당신이라는 시나리오가 내게 건네는 무수한 **암시暗**示들. 다시 계절이 바뀌면 나는 당신의 리듬에 순종해야만 한다. 교차하는 결말들 사이로 사소한 복선들이 휘청거린다. 잠을 이룰 수 없다는 걸 알면서도 조심스럽게, 눈을 감는다.

외투

 꿈을 잘 꾸지 않는 편이지만, 가끔 무언가를 잃어버리는 꿈을 꾼다. 지난 밤 꿈에서는 옷을 잃어버렸다. 깨어보니 그 옷은 내가 걸어둔 모습 그대로 행거에 걸려 있었다. 그럼에도 불구하고 여전히 무언가를 잃어버렸다는 상실감은 가시지 않는다.
 이런 꿈을 꾸고 나면, 마치 읽고 있던 책의 이미 읽고 지나간 앞 부분에서 한두 줄의 문장이 하얗게 날아가버린 것만 같다. 이미 읽고 지나왔으니 계속해서 책을 읽는 데에는 크게 문제될 것 없지만, 언젠가 한 번 앞부분을 다시 들추게 될 때가 올 거라는 강한 예감이 든다. 당장은 아무 일 없겠지만 그때가 오면 괴로울 것이다. 사라진 문장을 기억해내지 못하고, 희미한 단어 서너 개로 빈 문장의 흔적을 더듬고 있을 내가 보인다. 지난 밤 꿈에서는 아끼는 외투를 잃어버렸고, 끝내 찾지 못했다.

일요일들

 일요일이 저물어 갈 무렵이면 딱히 쓸 말도 없으면서 문장을 쓰고 싶어진다. 특별할 것 없는 한 주 한 주가, 서로 비슷하면서도 전혀 다른 성격의 일들로 무료하게 채워진다.

 토요일에는 한남동의 미술관에서 최근 시작한 전시를 보러 갈 계획이었으나, 금요일 회식에 수면 부족이 더해져 집에서 한 발자국도 나가지 못했다. 일요일에는 느즈막히 일어나 서울의 책방 세 곳을 돌며 일을 처리하느라 시간이 나지 않았다. 오랜만에 찾은 책방들은 여전한 모습으로 거기에 있었고, 날씨 탓인지 차분히 가라앉아 있었다.

 서교동의 어느 책방에는 불이 꺼진 초 네 개가 귀엽게 놓여 있었다. 내년에 독립을 하게 되면 방에 길고 여린 초를 몇 개 놓아야겠다고 생각했다. 촛불을 켜는 밤에는 조휴일의「사랑의 미로」를 주구장창 틀어 놓을 것이다. 끝도 시작도 없이, 아득한 사랑의 미로여…….

  사랑의, 라는 표현을 명사 앞에 붙이면 어떤 명사든 새로운 매력을 지니게 된다. 가끔 일부러 무작위로 떠오르는 명사들을 뒤에 붙여보곤 한다. 하지만 이러나저러나 사랑이란 단어는 역시 홀로 명사일 때 완전무결하다. 「사랑의 미로」를 10번 정도 듣고, 식은 새우버거를 씹으며, 어제 보다가 만 영화 「사랑에 관한 짧은 필름」을 마저 볼 것이다. 일요일 밤은 늘 이런 식으로 깊어 간다.

두 얼굴

쓸 수도 읽을 수도, 쓸 마음도 읽을 마음도 없는, 감정의 바탕이 메마른 날들이 반복된다.

지금, 여기, 내가 그렇게 존재하고 있으며, 동시에 존재하지 않는 것과 다를 바가 없다. 그저 묵묵히 나아갈 뿐, 무기력한 나를 관망할 뿐. 평온함과 공허함은 한 몸의 두 얼굴이다.

좋아하다

사람뿐만 아니라 사물을 좋아하는 일에서도, 무언가를 **좋아한다**, 라고 표현할 때에는 심혈을 기울여야 하지 않을까. 좋아함의 척도에는 개인차가 있고 분명 그래야만 하지만, 좋아한다는 표현이 손가락의 터치 한 번으로 단순화되면서 무언가를 좋아한다고 표현할 때 우리는 직관적인 느낌으로만 순식간에 지나쳐버리는 것에 익숙해졌다.

좋아함에도 내실이 있다. 시간과 함께 차분히, 그리고 켜켜이 쌓여 온 좋아함은 진실되며, 반짝였다가 휘발하는 좋아함의 속내는 거짓되기 마련이다. 진정으로 무언가를 좋아하는 태도는 단편적인 호감을 넘어 마음 깊은 곳으로부터 발아하여, 오랜 애착을 양분 삼아 자라난다.

내가 좋아한다고 여기는 것을 끊임없이 들여다보고 보살펴 줌으로써, 나라는 존재의 진실성을 하나 둘 발견

해 나갈 수 있을 것이다.

연결

아무하고나 연결되어 있지만, 그 누구와도 맞닿아 있지 않다.

part 2

Simple Truth

하고 있어라. 그게 무엇이든 지금이 어떤 상황이든, 일단 하고 있어라. 하고 있지 않으면 그 무엇도 되지 않는다. 하고 있으면 하고 있는 사이 무엇이든 된다. 굉장한 기회나 위대한 성과가 아니더라도, 지금 할 수 있는 것을 계속해서 하고 있으면 반드시 변한다. 내가 변하든 상황이 변하든 많은 것이 달라질 것이고, 어떤 방식으로든 세계가 나의 선택에 반응할 것이다. 하고 싶은 일을 하고 있는 것에 집중하는 사이 나는 무엇이든 되어있을 것이다.

잊지 말아야 할 가장 단순한 진리 중 하나.

산

 배낭끈이 어깨를 짓누르고 등판이 허리를 짓누른다. 내 발은 흙을 짓누르고 산은 정확히 내가 흙을 짓누르는 중력만큼 내 발을 받쳐준다. 등산객을 위해 설치된 밧줄을 타고 암벽을 오른다. 손발로는 바위를 부둥켜 안으며 동물처럼 기어오른다. 바위에 딱 붙어 나를 위로 당겨 오르는 느낌은 원시적인 쾌감을 준다. 앞뒤로는 함께 온 사람들이 있다. 산을 오르는 걸음은 무아지경으로 반복되며 이따금 보이는 광활한 경관에 혼을 뺏겨, 일상 속의 불안들은 어디론가 날아가고 없다.

 산은 사람을 겸손하게 해. 언젠가 산을 오를 때 마주 내려오던 등산객 아저씨가 건넨 한 마디가 아직도 잊히지 않는다.

추억의 법칙

 한곳에 오래 머무르는 것을 좋아해서 많은 곳을 돌아다니지 않았다. 대신 세화 한곳에만 머물렀기에 다양한 얼굴의 세화를 볼 수 있었다. 첫째 날은 태풍에 비바람이 몰아치는 세화였고, 둘째 날은 태풍과 멀어지는 세화, 셋째 날은 완전히 맑게 갠 세화였다.

 첫째 날에는 비바람이 매섭게 불어 무서웠다. 나무가 바람에게 뽑혀 쓰러지면 어쩌지, 하는 생각이 들 정도였고 파도는 온 마을 위로 고함을 퍼뜨렸다. 덕분에 우리는 함께 우비를 입었고 밤의 무법자처럼 세화를 누빌 수 있었다. 궂은 날씨 속을 헤매는 낯선 기분은 일상으로부터 떠나와 있음을 다시 한 번 실감나게 했다.

 둘째 날에는 태풍의 꽁무니를 부지런히 쫓아가는 구름떼와 마치 그들을 배웅하려는 듯한 바다 위의 석양을 감상할 수 있었다. 태풍은 하늘에 신비로운 달무리를 남기고 갔다. 달이 무지개띠를 두른 듯한 형상은 믿을 수 없을 만큼 아름다웠다. 언제 또 볼 수 있을까 싶어 숙소 앞 작은 동산 위에 올라 오랫동안 바라보았다. 경이로울 만큼 아름다운 어떤 것들은 오직 육안으로만 느낄 수 있어서 사진으로는 담아낼 수가 없었다. 세화 앞바다 위에 잘게 부서져 일렁이는 가로등 불빛은 그들의 마음을 덩달아 일렁이게 했다. 멀찍이 수평선을 수놓은 한치잡이 배들의 불빛은 바다가 두른 목걸이 같았다.

셋째 날에는 맑게 개어 아침부터 해가 뜨거웠다. 울렁거리는 바다 위에서 역광으로 검어진 배가 함께 울렁거렸다. 한낮의 세화 해변은 한산했다. 곱고 따듯한 백사장이 우리를 맞이했고 마치 푸딩처럼 부드럽게 발을 감싸 주었다. 모래의 감촉은 행복을 느끼게 했고 얕은 파도가 몸에서 부서지는 청량한 느낌은 심신을 떨게 했다. 하늘과 파도와 모래의 색, 해변의 세 가지 색은 인간에게 영원토록 사랑받을 것임이 분명하다.

한여름 한낮의 세화 해변의 아름다움에 깊이 반했음에도 불구하고 더 짙은 회상으로 떠오르는 것은 깊은 밤 함께 걷던 세화의 풍경들이었다. 어떤 순간을 직면한 그 당시에는 시각적인 것들이 우리를 강하게 자극하지만, 어느 정도 시간이 지나고 나면 시각적인 기억은 흐려지고 청각적인 기억과 후각적인 기억이 좀 더 생생하게 남아 우리를 설레게 한다. 그것은 아마 추억의 법칙일 것이다.

Dissonance

 현실은 늘 공평하지 않다. 삶은 한 번 주어진 의자를 쉽게 교체해 주지 않는다. 절망은 누구에게나 같은 양의 몫을 보상하지 않는다. 최승자 시인의 시구를 떠올린다. **희망은 길고 질기며 절망은 넓고 깊은 것을……**.[1)]

 희망이라는 단어는 온갖 자질구레한 뉘앙스들에 물들어버렸다. 더 이상 우리는 자신을 향한 믿음에 희망을 포함시키려 하지 않는다. 무색무취의 대화가 커피 몇 잔이 놓인 테이블을 지배한다. 바운더리는 넓어졌지만 그저 팽창하고 있을 뿐, 어느 누구도 앞장 서서 본질로 회귀하려 하지 않는다. 주인이 다른 감정은 섞일 수 없고 입장이 다른 이들은 끝끝내 서로를 이해하지 못한다. 나는 가끔 포기라는 행위로 나를 위로한다. 겸허한 자세로 불협화음을 받아들이면 한 걸음 더 나아갈 수 있다고 믿는다.

1) 최승자, 『내 무덤, 푸르고』, 문학과지성사, 1993

아픔에 관하여

연휴 내내 끙끙 앓다가 이제서야 기력을 되찾았다. 설날 당일에 과식한 탓이다. 먹고 자고 먹고 자고를 반복하다가 결국 체하고 말았다. 속이 울렁거리고 머리가 온통 어지러웠다. 토하기 싫어 억지로 참았더니 열이 더 올라왔다. 매실차와 가스활명수를 마셔봐도 체기는 쉽게 가시지 않았다. 몸 안에서 무언가가 나를 두들겨 패는 것 같았다.

밤이 되니 몸을 가만히 둘 수 없을 만큼 온몸이 아려서 잠을 잘 수도 없었다. 허리가 쑤셨다. 몽롱하게 누워 있다가 새벽 세 시쯤 벌떡 일어나 화장실로 향했다. 속을 죄다 게워냈다. 맨정신으로 겪는 토악질은 세상에서 가장 지독한 경험 중 하나라고 생각한다. 경직된 위장이 뱃속의 근육을 쥐어짜며 횡경막을 압박하고, 쓰라린 위액이 암벽을 타듯이 식도를 역류한다. 모든 생각이 지워지고 눈알이 빠질 것만 같다. 원초적인 두려움이 육체를 지배한다. 게워내고 나니 속은 편해졌지만 몸살 기운은 더 심해졌다. 동이 틀 때까지 잠을 한숨도 이루지 못했다. 다음 날도 죽만 겨우 몇 숟가락 먹고 신음하며 하루를 보냈다.

  아픔은 오직 아픔의 순간에만 존재한다. 아픔은 온전히 기억되지 않는다. 문장을 나열해 지난 아픔을 묘사하고 싶었지만 이틀 간의 아픔을 제대로 떠올릴 수가 없다. 문장으로 서술한 아픔은 한낱 기억에 불과하다. 작년에도 비슷하게 아팠던 적이 있는데, 이번 아픔이 지난 아픔보다 좀 더 강했다는 상대적인 느낌만이 있을 뿐이다. 이 또한 최근의 아픔이기 때문에 그렇게 느꼈을는지도 모를 일이다. 제발 이 아픔이 빨리 지나가 주기만을 빌었다. 아프지만 않다면 무엇이든 할 수 있을 거라고, 삶이 주는 다른 고통은 이에 비하면 기실 아무것도 아닐 거라고. 그러나 아프지 않게 되면, 언제 그랬냐는 듯 잊고 산다. 그저 몸이 아프지 않은 것이 최고의 평온이자 안녕이라는 것을.

외로움과 고독

외로움은 유한하고 고독은 무한하다. 외로움이 희다면 고독은 검다. 외로움이 넓다면 고독은 깊다. 외로움이 은은하다면 고독은 지독하다. 외로움이 너라면 고독은 나다. 외로움이 삶이라면 고독은 죽음이다. 외로움이 산이라면 고독은 바다다. 외로움이 선택이라면 고독은 필연이다. 일식과 월식처럼, 둘은 가까워지기도 하고 멀어지기도 한다. 둘의 발음은 서로 다른 두 가지 자아를 가리키는 작은 소란이다. 외로움이 내일이라면, 고독은 오늘이다.

별의 운행

 우리가 보살펴주지 못한 감정들은 난간 위에 올라선 채 우릴 향해 시위한다. 존재 자체만으로도 불행한 것들이 있다. 한 번이라도 가까웠던 사람들은 결국 매 순간 별처럼 멀어진다. 나는 여전히 별의 시간을, 별과 별 사이의 거리를 이해하지 못 한다. 절망을 비껴가기 위해 때로는 해석에만 전념해야 할 때가 있다. 그래서 모든 입술과 귓바퀴는 불안하다.

그럼에도 불구하고

어떤 선택에는, **그럼에도 불구하고**, 라는 의지가 반드시 붙는다. 거꾸로 말해서 그런 선택에는 그만한 책임이 따른다. 선택이란 그저 무언가를 고르는 일이 아니라, 내가 선택한 미래의 나에게로 현재의 나를 기어이 던지는 일이다. 때로는 육중하고 때로는 자잘하게, 수많은 덩어리로 쏟아지는 삶의 무게들을 견뎌내며…….

우리는 우리를 있는 힘껏 던지지 않고서는, 단 한 발자국도 나아갈 수 없다.

좋은 거울

 매번 일관되게 느끼는 건데, 사실이 아닌 개인의 감정이나 생각을 담는 문장은 거울 같은 특성을 지니고 있다. 문장을 쓴 사람이 담아내고자 한 생각과는 무관하게 누가 읽느냐에 따라 의미가 달라지며, 그것은 문장에 담긴 생각을 받아들이는 세계관이 각기 다르기 때문이다. 그러므로 어떤 문장들은 읽는 이의 내면을 비추는 거울이 된다.

 이런 과정을 소통 과정에서 발생할 수밖에 없는 필연적인 오해라고 여겨 왔는데, 오히려 지극히 자연스러운 일인 듯하다. 문장을 쓴다는 것은 누군가가 들여다 볼 거울을 만드는 것과 같고, 문장을 읽는다는 건 누군가가 만든 거울을 들여다보는 것과 같다. 좋은 거울을 만드는 사람이 되고 싶다.

안개

 말과 말 사이에는 반드시 암회색의 순간들이 있다. 안개 속에 파묻힌 대화의 실체를 더듬어 가며 내 마음속의 조각들로 다듬어내는 일. 진이 빠질지언정 그런 대화는 대개 기억에 오래 남는다.

공동 空洞

　인간은 매일 스스로를 의심하고, 또 변명한다. 확신은 하루에도 수십 번씩 뒤집히고 그로 인해 두려움에 젖는다. 미래가 오고 있다는 단순한 사실은 우리에게 무기력을 주기도 한다. 어떻게든 살아진다는 것은 가장 넓은 위안이면서 가장 깊은 고통이다.

다대포 해변

 다대포 해변으로 향하는 길은 저물어 가는 노을과의 긴박한 레이스였다. 마치 해가 더 빨리 떨어질지 내가 더 빨리 도착할지 내기를 하는 기분이었다. 이미 하늘은 모래시계처럼 서서히, 미리 정해진 시각이 되어 가고 있음을 온몸 붉혀 알리는 중이었고, 동시에 나는 초조함을 애써 달래는 중이었다.

 다대포는 묵직한 인품을 지닌 사람처럼 고요했다. 멀리서 보면 정직하게 펼쳐져 있어 이렇다 할 특징이 없는 해변이었고, 드문드문 해변을 거니는 사람들이 한편의 그림자극처럼 느릿한 실루엣으로 움직이고 있었다. 바다는 태연한 모습으로 모래사장을 철썩였고 어느새 해는 수면에 맞닿아 있었다. 사람이 거의 없는 백사장이어서 그런지 바다가 말끔하게 펼쳐놓은 거대한 담요인 것처럼 느껴졌.

 해변에 들어서는 그 순간, 서로 멀찍이 떨어져 있는

실루엣들이 수군거리는 소리가 한꺼번에 웅웅거렸다. 귀를 먹은 것처럼, 아니 내 머릿속에만 울려 퍼지는 이명처럼 해변의 소리는, 조금 어지럽게 일렁이며 나를 묘한 환상에 빠지게 만들었다. 물장난을 치는 소리, 허공을 맴도는 대화의 소리, 바다가 내는 규칙적인 소리들이 뒤섞여 기분 좋은 소음으로 내 주변을 맴돌았다. 내 자동 필름 카메라의 점잖은 셔터 소리가 가장 크게 울려 퍼졌다.

 실루엣들은 하나 둘 빠져 나가고 들어오기를 반복했다. 그들은 내가 보는 세계에서 오직 저마다의 움직임으로만 존재하고 있었다. 그게 싫지 않았다. 나 또한 어떤 움직임으로만 그 위에 존재하고 있었고, 그 해변을 나는 그렇게 기억할 것이다.

우리

　오늘의 우리는 그날의 우리와는 꽤 다른 우리가 되어 버렸지. 한 가지는 변함없지. 우리는 늘 현재의 순간에 충실했고 서로의 맹점을 공유했지. 마음 깊숙이 서로의 애정이 도달했다는 것을 느낄 수 있었고 눈빛의 온기는 살갗을 뚫고 체온에 더해졌지. 나는 이 모든 것을 확신하지. 존재만으로도 서로의 영혼에 위안이 되어 주었다는 것을. 우리의 오늘은 이제 많이 달라져 있지. 지금 이 순간만은 새근거리는 너의 새벽이 오로지 평화롭기를, 나는 기도하지.

신대륙

나다워야 한다, 라는 다짐을 잊을 뻔한다. 아니, 잊고 되새기고를 반복한다. 숨 쉬는 그대로도 나는 늘 나다워야 하는데, 너무 쉽게 오염되고 이염되고 전염되어 나다운 게 무엇인지를 자주 잊고 어려워한다.

솔직해지고 싶고, 건강해지고 싶다. 절대적으로 나다워지고 싶다. 눈과 귀를 닫은 채 나를 마모시키는 모든 방해물들로부터 자유롭고 싶다. 철저히 내적인 자유를 얻고 싶다.

그래서 어느 맑은 아침, 100%의 완벽한 나로서 100%의 완벽한 당신을 만나고 싶다. 나는 언젠가 나의 신대륙을 발견하고 싶다.

탈출

 나는 나를 현실 속으로 몰아 붙이는 정체 모를 구속으로부터 탈출하기를 언제나 갈망한다. 그러나 우리가 바라는 이상향은 한 치의 아량도 없이 우리를 외면한다. 나를 옭아매고 있는 것은 내가 지닌 모순 그 자체이며, 그 모순은 다시 모순적으로 나라는 존재를 완성한다.

불씨

  어정쩡한 시간을 걷고 있다. 하루하루가 비슷비슷하다. 예전에는 가만히 있어도 누군가는 떠나가고 누군가는 찾아오고 늘 드나드는 움직임이 존재했지만, 이제 가만히 있으면 아무것도 변하지 않는다. 외로움과 고독함의 차이를 받아들인다. 나는 본능적으로 사람을 튕겨낸다. 기어이 다가오는 모든 것을 굴절시킨다. 매일 초라한 기분으로 잠이 든다. 삶의 첫 번째 불씨가 사그라든다. 두 번째 불씨가 활활 타오르기까지는 얼마가 걸릴까. 일상이 안정될수록 우리는 허탈해 한다. 모순은 늘 아무것도 모르는 척, 가까이에 있다.

Nightwalker

밤이 종이를 내어 주면 우리 눈빛은 연필이 되고, 매일 밤 우리는 기약 없는 산책을 떠나네.

망명

 우리는 영영 고립되기로 한다. 폐허가 된 사랑이 우리를 가두고 녹슬게 한다면, 차라리 텅 빈 그리움에게로 망명할 것이다. 강아지처럼 웅크린 몸으로 메마른 내 어제를 핥으며, 적색 신호등에도 때로는 멈추지 않을 것이다.

사진 언어

 사진을 찍는 행위가 누구에게나 용이해진 이 시대의 우리는 사진 한 장으로 자신을 표현하는 일에 익숙해졌다. 그 결과 사진이란 언어는 대중적으로 폭을 넓혀 가는 대신 언어로서의 힘과 깊이를 잃어가고 있다.

 사진은 타인에게 가장 쉽게 선망을 받을 수 있는 언어다. 사진은 글로 표현할 수 있는 사고의 깊이를 이미지 속에 생략함으로써 새로운 언어를 탄생시킨다. 단어와 단어의 연결이 만드는 사고의 이미지를 피사체와 피사체, 피사체의 조합으로 대체한다. 그것은 매우 불투명하고 추상적인데, 사람들은 그것을 이용한다. 모호함이 사진을 일률적으로 만들고 사진의 메세지를 과격하게 대체해버린다.

 감각적인, 이라는 수식어가 사진에 코멘트로 붙는 것을 자주 본다. 실제로 그렇게 느껴지기도 한다. 텍스트를 생략하기 때문에, 어쩌면 생략한다기보다 덧붙이지 않는 것이 더욱 모호하게 보이기 때문에, 모방하기 쉽다. 이미지라는 것은 본래 그런 면을 지니고 있다고 생각한다. 그렇기 때문에 더욱 더, 나의 사진 언어에 대해, 셔터를 누르는 순간에 대해 깊이 고민하고 싶다. 감각적이라는 말을 듣기보다는 그 안에 담긴 이야기가 궁금해지는, 단순히 보는 것을 넘어 사진을 매개로 한 대화가 이루어지는, 그런 사진을 찍어보고 싶다.

횡단

당신이 그에게 털어놓지 못한 마음의 사막을 빈손으로 횡단하느라, 그는 꼬박 며칠을 지새워야 했다.

1Q84 여행

 그들의 여행은 조금 특별했다. 마트를 가는 일과 잠깐의 산책 외에는 별장 안에 스스로를 가둔 채 2박 3일 내내 무라카미 하루키의 『1Q84』를 독파하기 위한 여행이었다.

 총 3권, 2,000여 페이지에 이르는 『1Q84』를 읽기 위해서는 꽤 많은 에너지가 필요했고, 여행 내내 그들은 총 6끼에 걸쳐 온갖 요리를 해 먹었다. 온갖 요리라고는 해도 실은 모두 소박한 메뉴였다. 끼니 때마다 솜씨가 늘어갔다. 그들의 계획표에 요리와 독서말고는 그 무엇도 포함되지 않았으므로 그들은 종일 먹고, 읽고, 먹고, 읽고, 먹고, 잤다. 맛있는 음식을 만드는 것, 음식을 최대한 남기지 않는 것, 뒷정리를 깔끔히 하는 것, 서로에게 기대어 책을 읽는 것, 사랑하는 것. 그것이 2박 3일간 그들이 한 일의 전부였다. 규칙적인 사이클을 반복하며 시간은 평온하게 흘러갔다. 조용히 그들을 약올리며,

한 치의 양보 없이 정확하게.

이 여행은 거리상으로나 심적으로나 둘만의 세계를 누리는 듯한 는 듯한 기분을 만끽하게 해 주었다. 서로 긴밀하게 밀착한 채 외부와는 단절된 독서의 시간을 보냈다. 눈을 뜨면 서로가 있었고 눈을 감아도 서로가 있다는 걸 느낄 수 있었다. 별장 안의 세계는 그들이 포함된 세계의 전부였고 바깥 세계는 멀고 먼 배경이자 일종의 무대장치에 불과했다. 그가 식재료를 다듬으면 그녀는 후라이팬을 볶았다. 그가 설거지를 하면 그녀는 청소기를 돌렸다. 책을 읽을 때에는 나란히 기대어 읽었다. **이런 생활이야말로 그동안 꿈꿔왔던 삶이 아닐까,** 라고 그들은 생각했다. 고즈넉한 풍경에 살며, 소박한 요리를 만들어 먹고, 좋아하는 책을 함께 읽는다.

물론 이것이 여행이 아닌 삶이 된다면 조금 다른 이야기가 될지도 모른다. 일상을 누리기 위해 해야 할 일이 있을 것이고, 일상에 끼어드는 크고 작은 사건들이 무수히 발생할 것이기 때문이다. 인생에서 좋아하는 것 1가지를 누리기 위해서 좋아하지 않는 것 9가지를 감수해야 한다는 것을, 우리는 경험을 통해 배운다. 1가지를 추구하기 위해 9가지를 견뎌내는 것의 반복이 삶이라는 것을.

일상적 고독

컨베이어 벨트 위로 내 곁의 집들과 골목들과 사람들이 서서히 멀어진다. 나를 둘러싼 자아의 산맥이 어깨를 들썩인다. 내 시야는 두겹으로 겹쳐진 채 삐걱거린다. 흐리멍텅한 얼굴들이 저마다의 동공을 찾아 강물 위를 둥둥 떠다닌다. 나는 그들을 벗어나려 하지만, 그들은 가차 없이 내 열망을 빨아들인다. 그들은 멧돼지처럼 들이닥치고 자갈처럼 요란스럽게 쓸려 간다.

차가운 상아, 뜨거운 호흡. 나는 코끼리의 걸음처럼 사라지고 싶다. 고독이 격렬하다.

나는 안다

요즘 들어 자존감이 낮아지고 있음을 느낀다. 내가 잘할 수 있는 것을 두고 엄한 데 에너지를 쏟고 있는 듯한 기분이 든다. 나와 맞지 않는 방식 속에서 나는 자꾸 가둬지고 있다. 구겨지고 있다. 몇 걸음만 옮기면 드넓은 바다에서 유영할 수 있는데, 굳이 뙤약볕 아래 버티고 서 있다.

나는 안다. 나를 가로막을 수 있는 것은 결국 나뿐이라는 걸. 나는 안다. 내 세계에는 내가 잘할 수 있는 일이 분명히 존재한다는 걸. 어쩌면 지금은 비행기를 갈아타기 위한 환승의 과정인 건지도 모른다. 계속해서 생각을 이어가야 한다. 발목이 묶여 있다면 팔이라도 저어야 한다. 나를 나로서 존재하게 만드는 것을 알고 그에 맞는 대우를 해줘야 한다. 숨을 고르고 심호흡을 해야 한다. 그것마저 잊으면, 나를 잃는다. 내 시선을 외면하지 말자. 내가 바라보는 길만이 나를 인도해 준다. 나머지는 모두 내 풍경이 되어 줄 뿐이다.

신념

　문장을 쓸 때 유독 **나는**, 이라는 주어를 생략하지 않고 자주 적는다. 주어에 강세를 둔다. **나는**, 이라고 문장을 시작하는 순간, 나를 둘러싼 경계막이 나타나는 것 같았고 그 고립 속에서 내가 추구하는 지향점을 발견할 수 있을 것만 같았다.

　영화 「사일런스Silence」와 「핵소 고지Hacksaw Ridge」에서 앤드류 가필드가 연기한 로드리게스 신부와 데스몬드의 신념은 나를 경건하게 했다. 어떤 이들은 그렇게, 삶이라는 초행길에서도 지도 하나 없이 신념을 불태우며 살아간다. **나는**, 으로 문장을 시작하지 않고도 주어에 강세를 두는 것처럼.

　개인의 신념은 늘 고립된다. 그러나 그것이 나라는 존재를 타인과 분명하게 구분지어 준다. 신념 속으로 고립되어야만 비로소 자기 자신으로 살아갈 수 있는 것이다. 그에 비해 나의 고립이란 아직도 어떠한 신념 없이,

오직 내 편의를 위해 고집스럽게 고립되어 있을 뿐이다.

잠영

 우리는 자각하지 못한 채 늘 무언가에 파묻힌 채로 겨우 숨을 쉰다. 두터운 덩굴에 묶인 나는 무례하게 들이치는 바닷물을 뱉지 못하고 컥컥거린다. 턱밑까지 차오른 해수면을 벗어나는 것이 뜻대로 되지 않아서, 평생을 허우적거린다. 해무 속으로 흩어지는 날숨을 마지막까지 응시하며, 숨이 한줌도 남지 않을 때까지 온 숨을 다 내쉬고는, 찰나의 고요 속에서야 겨우 안도한다.
 발밑으로는 자꾸만 불어나는 후회들이 숲의 그림자처럼 어지러이 뒤엉켜 발목을 붙잡고 있다.

막

'막 산다'는 것이 어떻게 살아야 하는 것인지도 모르면서, 지금부터 막 살아보겠노라 무턱대고 마음 먹었던 적이 몇 번 있었다. '**막**'이라는 수식어는 우직하고 완전하다. 발음에도 의미에도 도무지 빈틈이 없다. '**막**'이라는 서두는, 나로서는 가질 수 없는 삶의 태도를 향한 동경에 가깝다. 누군가 호기롭게 '**막 살겠다**'는 말을 꺼냈다면, 앞으로도 그는 결코 막 살아보지 못할 것이다. 사랑의 태도에 관해서도 이는 마찬가지다.

체온

 우리가 체온을 주고받는 사이, 당신과 나 사이의 감정과는 무관한 사건들이 시간의 바깥을 은밀히 순행한다. 나는 묵묵히, 때로는 슬프게 그것을 감각한다. 당신과 나 사이의 침묵은 종종 눈보라처럼 몰아친다. 말이 되지 않는 말들 속에서 나는 오래 헤맨다. 눈이 먼 사람처럼 말 한 마디의 목덜미와 옆구리를 더듬는다. 당신의 언어에서 체온을 갈구한다. 내 육체의 온도를 내어 주고 언어의 온도를 회수하는 일은 어쩌면 내가 지닌 사랑의 공식이다. 희미한 빛 속에서 당신의 윤곽은 더욱 더 뚜렷해진다. 그 순간을 바라보고, 다시 묵묵히 슬프게 바라본다.

순응

 나도 모르는 사이 많은 것들이 바래져 간다. 맹렬히 빛나던 욕망들이 이제는 꼭 예전 같지 않다는 것을 느낀다. 마치 미아처럼 사방을 헤매던 블럭들이 마침내 모두 제자리를 찾아 돌아가버린 것처럼. 삶은 징후를 의식하지 못한 채 하나 둘 마모되어 가는 과정임을 절실히 깨닫는다. 그러나 쉽게 동요하지 않는다. 흔들리는 파도에도 익숙해졌고, 나를 웅크리는 일에도 익숙해졌다. 더 이상 모든 감정을 치밀하게 파고들려고도 하지 않는다. 다양한 모순들이 점점 자연스러워진다. 원래는 거들떠 보지도 않던 채소는 맛있게 챙겨 먹으면서, 몸은 자꾸만 게을러진다.

떠돌이새

　처음과 끝은 하나라는 말, 이 말을 이해할 수 있다면 더는 슬퍼하지 않게 될 거야. 하나씩 이해할 때마다 하나씩 잃어 갈 수도 있지만, 전부 잃더라도 괜찮아. 처음으로 돌아갈 수 없으니 내일부턴 헤엄치는 법을 배울게. 발버둥치긴 싫으니 날 위해 날아와 줄래. 편지를 전해 주지 않아도 좋아. 우리는 들을 수 있으니까. 어차피 시간은 늘 다르게 흐르니까.

　마음이 말을 따라가지 못해 숨이 가쁘곤 해. 숨 쉬는 법을 자주 잊어. 아득한 우리의 젊음에 눈이 멀기도 해. 알잖아, 우리는 모두 강박이란 걸. 애쓰지 않고도 사랑받고 싶어. 말문이 막혀도 보채지 말아 줘. 가라앉는 나를 모른 척 해줘.

outro

우리가 타고 있는 이 배는 죽음이라는 침몰이 오기 전까지 끊임없이 요동칠 것이다. 아무도 등대로 다가갈 수 없고, 아무도 다른 배로 갈아탈 수 없다. 길고 긴 싸움이 될 것이고, 계속해서 자주 아프겠지만, 이 이야기는 결국 당신이 믿는 대로 흘러갈 것이고, 당신이 믿는 결말대로 막을 내릴 것이다.

아무도 없는 바다
nobody in the sea

초판 1쇄 발행 | 2017년 7월 11일
개정 7쇄 발행 | 2024년 10월 14일

지은이 | 최유수
사진 | yschwn
이메일 | yschwn@gmail.com

ISBN 979-11-957046-5-1
published by doorspress
printed in Seoul, Korea
email | doorspress@gmail.com

*이 책의 저작권은 저자와 도어스프레스에게
있습니다. 저작권법에 의하여 한국 내에서 보호를
받는 저작물이므로 저작권자의 서면 동의 없이는
어떠한 형태나 수단으로도 이 책의 내용을
이용할 수 없습니다.